AF154189

Für Rumpelwicht
Oskar Mattis
Kleiner Prinz
Mausezahn
Robertsohn
und Räuberhauptmann

Dedicated to
Rumple-pixie
Oskar Mattis
Little Prince
Mouse-tooth
Robertson
Robin Hood

Annette Quentin-Stoll

Filz Spiel
the felted play

ein Galeriebuch/ eine kleine Filz-Geschichte
A Gallery Book/ a Short Story about Felt

Photos und Layout: Robert Quentin
Übersetzung/ Translation: Susan Batten-Seidl

Tastwand, Detail, Tactile Wall, Detail, 2004

1998 begann in Finnland eine kleine Filzgeschichte, von der dieses Buch erzählen soll.
Als Austauschstudentin konnte ich vier Monate lang in der Filzwerkstatt der Partnerschule in Joensuu lernen. In der heimischen Hochschule stand man der Filztechnik recht skeptisch gegenüber.
So war es meine erste Aufgabe, Flächen mit ganz exakten und geraden Kanten herzustellen. Diese vergleichsweise langweilige Beschäftigung brachte mir seitens der finnischen Kommilitonen nur Kopfschütteln ein, aber ich profitiere bis heute davon, es gelernt zu haben.
Das Spannendste am Filzen jedoch war und ist für mich die Möglichkeit, ohne Nahtstellen dreidimensional zu arbeiten. Aus den exakt quadratischen Flächen ließ ich Zipfel, Falten, Taschen, Beulen und Röhren wachsen. Es entstand eine Tastwand für Sehbehinderte aus neun Modulen (Umschlaginnenseite), deren Herzstück ein „beweglicher Zipfel" ist.

In 1998 in Finland there began a short story about felt, which is the subject of this book.
As an exchange student I was able to train in the felt faculty of Joensuu School for four months. In my own college, felting techniques were regarded very critically. My first task was to produce pieces with straight, precise edges, a comparatively boring exercise which elicited only shaking of the head from my fellow Finnish students. Nevertheless, I still feel the benefits of having learnt that. The most exciting thing about felting, however, was and is the possibility of working three-dimensionally without seams. Out of these perfectly square pieces I made points, folds, pockets, bumps and tubes grow. A tactile wall of nine units for visually-impaired people came into being (inner cover), having at its centre a 'wobbly cone'.

2004 konnte ich diese Tastwand für das Buch „Wohnen mit Filz" noch einmal farbig umsetzen.

In 2004 I was able to recreate this tactile wall in different colours for the book 'Living with Felt'.

2

Hut-und SpielObjekte
Hats and Toys

„Engel", „Angel", 2004

Hut- und SpielObjekte

Zurück in Deutschland, verbrachte ich das nächste Semester damit, kugelförmige Hohlkörper zu filzen, aus denen die Zipfel wuchsen. Die entstandenen Objekte bezeichnete ich erst einmal als Spielobjekte, da die Professorin es nicht gern sah, wenn ich mich als Textilkunststudentin mit Modeobjekten befasste. Wenig später entdeckte sie mit großem Vergnügen selbst die Möglichkeit, die Objekte auf dem Kopf zu tragen und so wurden daraus Hut- und Spielobjekte. Sie sind bis heute Bestandteil meiner Kollektionen und es kommen jedes Jahr neue Varianten hinzu.

Hats and Toys

Once back in Germany I spent the next semester felting round hollow shapes, from which little points emerged. At first I called them toys because the professor wasn't too pleased at my spending time on fashion objects when I was supposed to be a student of textile art. Not long after she herself was delighted to discover that you could wear them on your head and so they became hats and toys.
Even today they are basics in my collection and every year there are new variations.

„SchneeWeißchen und RosenRot" „Snow White and Rose Red", 2003

„Hut- und SpielObjekte", Serie 1999 „Hats and Toys", 1999

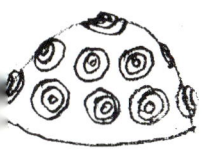

„WeihNacht", „Christmas" 2005

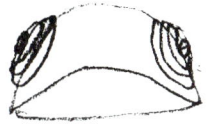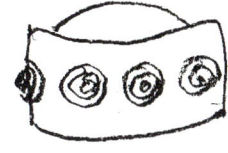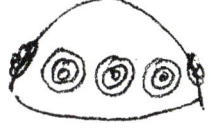

„Schnecke", „Snail", 2005

„Bewegliche Zipfel", Details
„Wobbly Cones", Details

Das gefilzte Spiel

Zu diesem Thema entstanden im Frühjahr 2000 für meine Abschlussarbeit Tierfiguren-Hand-puppen. Projektpartner war eine evangelische Grundschule. Ich filzte eine Besatzung für die Arche Noah (in der nach einer schönen Legende der erste Filzteppich entstanden sein soll). *
Zur Einschulung bekommen die Kinder Schultüten (bei uns heißen sie Zuckertüten).
Meine Eigene war fast so groß wie ich selbst und sehr schwer. Mein Vater bot mir an, sie für mich zu tragen, er wollte aber für jeden Schritt ein Bonbon haben. Das war mir zu teuer und so habe ich sie dann doch allein bis nach Hause geschleppt. Später nutzten wir die leere Tüte, um uns als Fee zu verkleiden, indem wir sie verkehrt herum auf den Kopf stülpten, den Schleier vors Gesicht.
Aus dieser Tütenform wurden Handpuppen: Die umgeknickte Spitze bildet den Kopf der Tier-figur. Zusammengefaltet entsteht aus der Tüte wieder eine andere Form und viele der Figuren sind so groß, dass man sie auch auf dem Kopf tragen kann.

(* Die gedrillte Unordnung, Mari Nagy und István Vidák, 1999)

The Felted Play

For my final project in spring 2000 I produced animal hand-puppets on the above theme.
My partner in this project was a Protestant primary school. I felted a complete set for Noah's Ark (in which, according to a lovely legend, the first felt rug is supposed to have been made). *
On the first day of school, children get school-bags (where I come from they're called sugar-cones). Mine was almost as big as me and very heavy. My father offered to carry it for me but wanted a sweet for every pace. I found that too expensive so I carried it home all by myself.
Later we used the empty cones to dress up as fairies, by upending them and wearing them on our heads with the veils over our faces.
From this cone form came the hand-puppets: the bent-over tip became the animal's head.
A cone folded together produces a different form and a lot of the figures are so big they can be worn on the head.

(* The drilled Chaos, Mari Nagy and Istvan Vidak, 1999)

„Störche", „Storks", 2000

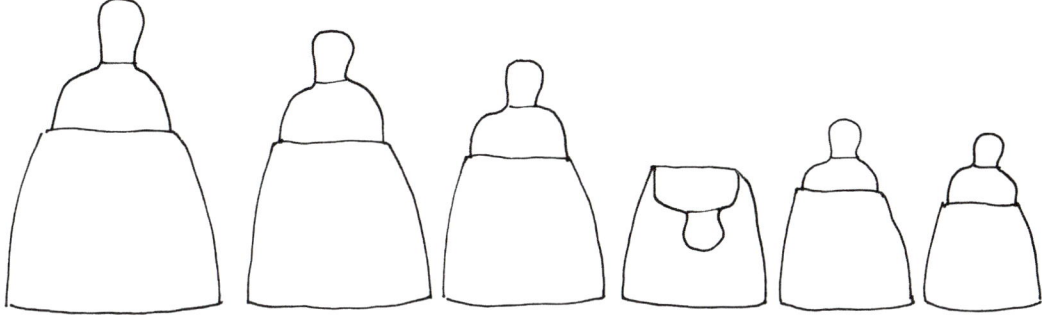

„Papgei und Mamagei", „Pinguine", „Enten"
„Daddy Parrot and Mummy Parrot", „Penguins", „Ducks", 2000

Die Spitze der Tütenform eignet sich besonders für Schnäbel und damit entstanden viele Vogelfiguren. Flügel, Flossen, Ohren und auch die Augen können durch Schlitze an die Figuren angefügt werden und sind austauschbar, so entstehen spielerisch auch neue bunte Fabelwesen.

The tip of the cone shape is particularly good for beaks and in this way a lot of bird figures took shape. Wings, fins, ears and eyes can be attached to the figures through slits and can be swopped around, and in this playful way new colourful fairy tale figures come into existence.

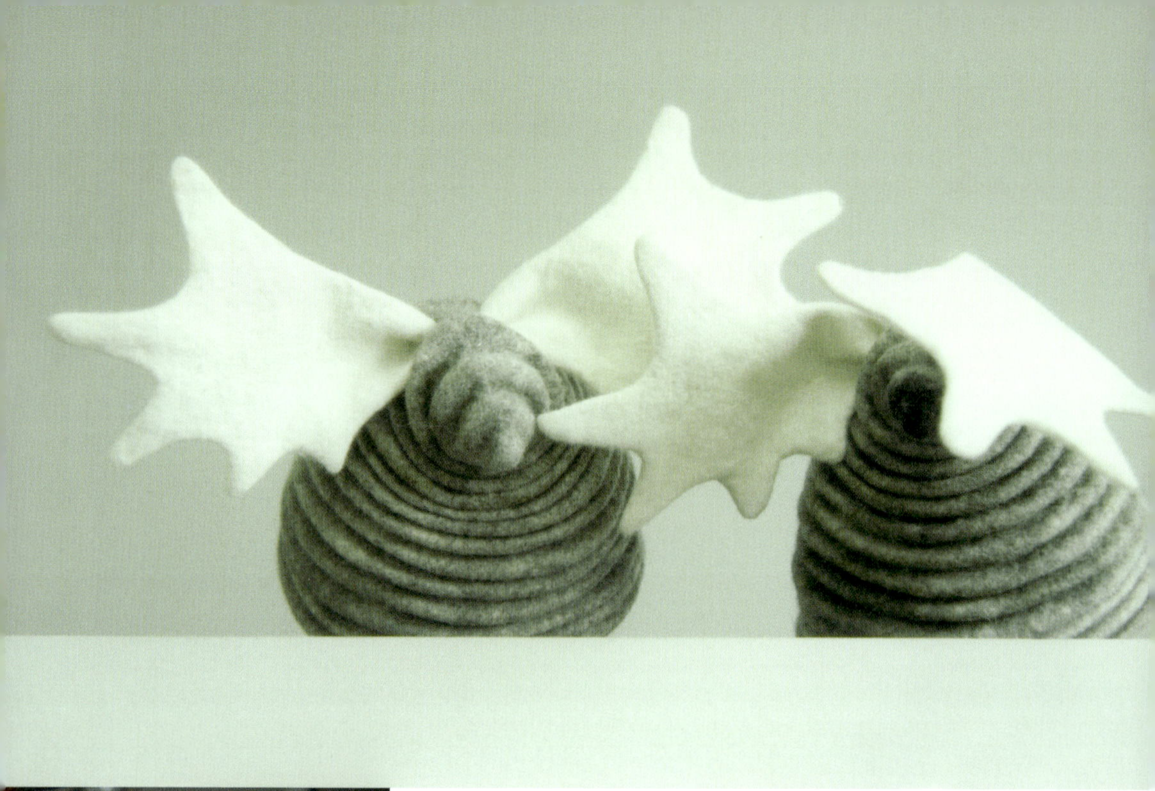

„Elche", „Elk" 2000

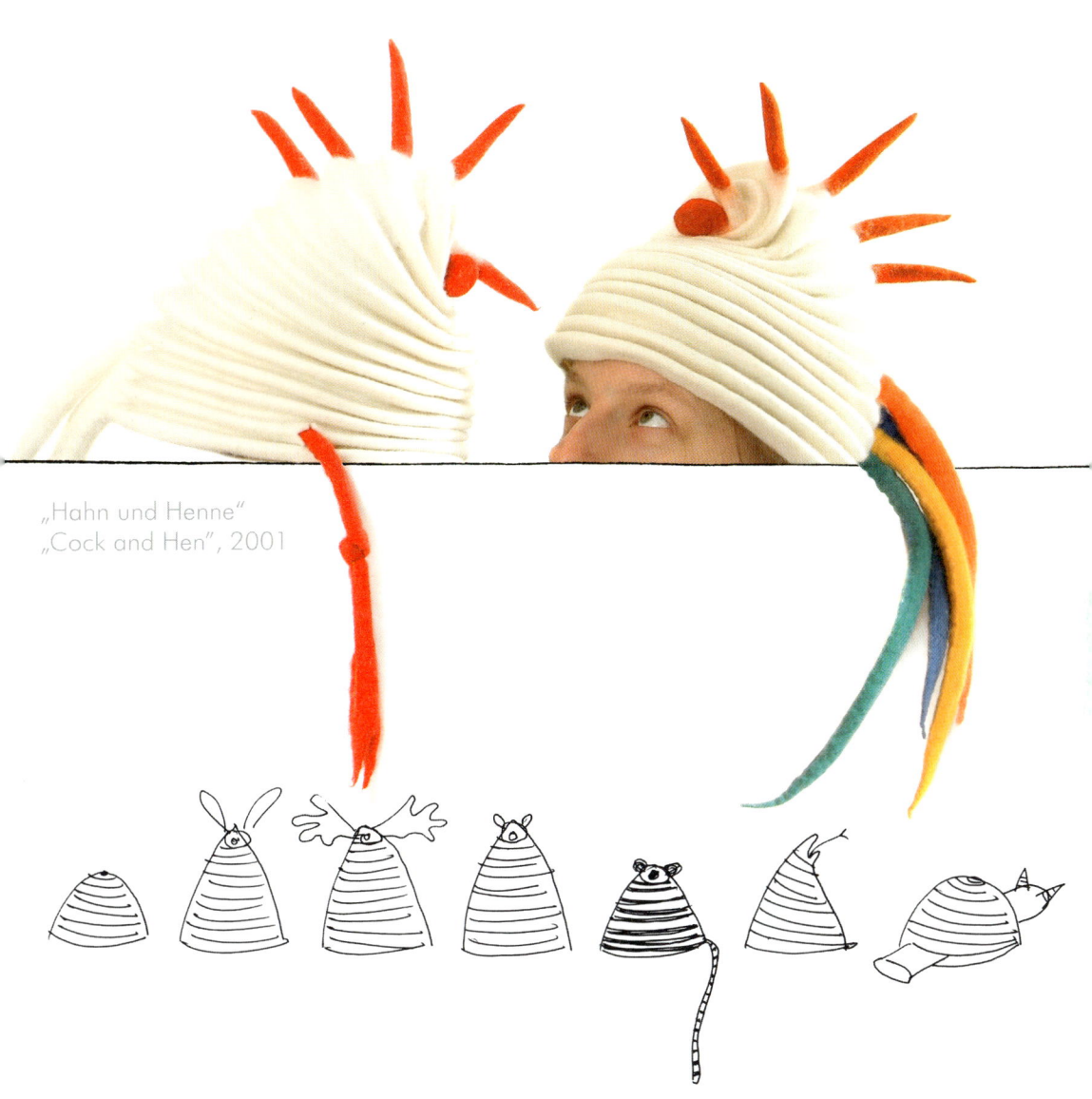

„Hahn und Henne"
„Cock and Hen", 2001

„Tiger", „Tiger", 2000

Elastische Strukturen

Beim deutschsprachigen Filzertreffen im Februar 2000 traf ich viele bunte filzbegeisterte Leute und arbeitete zum ersten Mal mit feiner Merinowolle, die wunderbar gleichmäßige dünne Filze ermöglichte. Mit dieser feinen Wolle und auf der Suche nach Strukturen, die Haut, Feder- oder Fellkleid von Tieren ähneln, entstand für meine Abschlussarbeit eine eigene filztechnische Variante. Dünner Vorfilz wird in Falten gelegt, gepresst und fixiert. Nach dem Walken und Trocknen behält der Filz diese Form und es entstehen dreidimensionale Strukturen, die den Filz elastisch machen. Die Handpuppen mit diesen Strukturen kann man auch auf Köpfe verschiedener Größe setzen.

Elastic Structures

At the German felters' meeting in February 2000 I met a lot of varied felt enthusiasts and for the first time worked with fine Merino wool, which made wonderfully thin, even felt possible. Equipped with this wool and in the search for structures which look like animal skin, feathers or fur for my final project, I developed my own variation of a felting technique. Thin pre-felt is pleated, pressed and fixed. After being felted and dried, the felt retains this shape and three-dimensional structures are created which make the felt elastic. The hand-puppets with these structures can be put onto heads of various sizes.

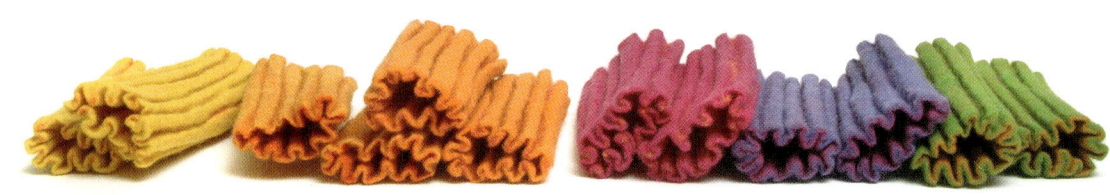

„Korallenfisch", „Drache"
„Coral Fish", „Dragon", 2000

„Elefanten"
„Elephants", 2000

„Schafe", „Sheep", 2000

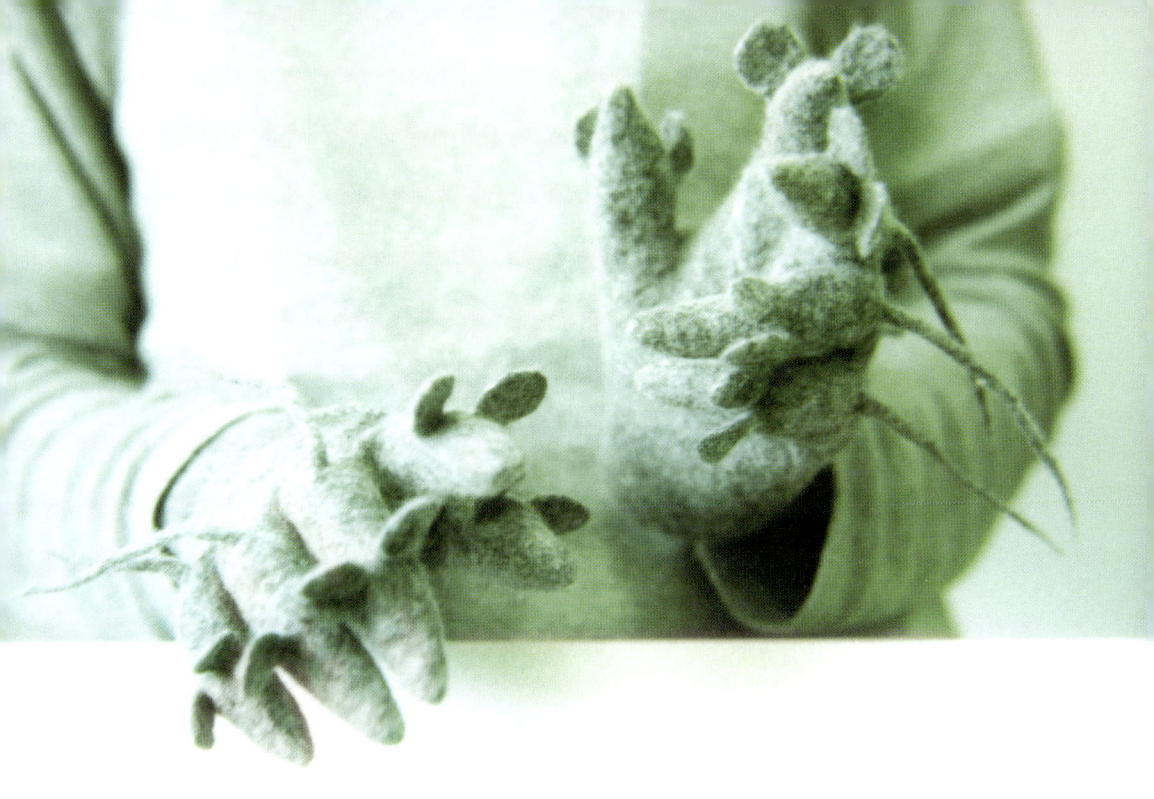

25

FingerPüppchen
Die FingerMaus gehörte als kleinstes Tier ebenfalls zur Abschlussarbeit, jedes Kind der ersten Klasse bekam eine eigene MeldeMaus, um zu lernen, dass man in der Schule die Hand heben soll, wenn man etwas sagen möchte.

Finger-puppets
The finger-mouse was the smallest animal in my final project; every child in the first class received their own 'Reporting-mouse' to learn that , in school, they have to put their hand up if they want to say something.

„FingerMäuse", „Finger-Mice" , 2000-2007

28

„Zwerge", „Dwarves" 2004

„Sterne", „Stars", „Kurrende", „Singing Animals" 2005

„Herzchen"
„Little Heart", 2007
„GlücksSchweinchen mit Halskrause"
„Lucky Piglet with Ruff", 2006

EierWärmer „Fisch"
Egg-cosy „Fish", 2005
EierWärmer „FroschKönig"
Egg-cosy „Frog King", 2004

Tierische Modeaccessoires

Noch während des Studiums bewarb ich mich für Ausstellungen und Messen und sammelte auf dem Markt gute Erfahrungen mit den Hut- und Spielobjekten. So entwickelten sich aus den Handpuppen die Taschen- und Spielobjekte, dazu kamen Pulswärmer, kleine Täschchen und Schmuck mit tierischen Elementen. Zum Beispiel die Storchentasche für werdende Mütter: (auch wenn sie nicht mehr an den Klapperstorch glauben) sie bietet genug Platz für Mutterpass, Taschentücher, Geldbörse, Schlüssel etc. und weist auch weniger aufmerksame Mitmenschen auf den Zustand hin.

Animal-like fashion accessories

During my studies I had stands at exhibitions and trade fairs and had a good response to the hats and toys. In this way, from the original hand-puppets I developed bags and toys, wristwarmers, little bags and jewellery with animal motifs.
One example is the stork-bag for mothers-to-be: (even if they don't believe in the stork any more) it has enough room for medical documents, paper tissues, purse, keys etc. and alerts unobservant people to their condition.

Taschen- und SpielObjekt
„Storch"
Bags and Toys
„Stork", 2002

39

Die KondomTaschen sorgen stets für
Heiterkeit und eignen sich auch für die
Aufbewahrung von Kleingeld, Schmuck,
Fahrkarte oder Haustürschlüssel.

The condom-bags always cause amusement
and are also good for storing loose change,
jewellery, tickets and the door-key.

„PulsWärmer", „Wrist-warmer" 2005

„SchutzEngel", „Guardian Angel", 2005

„TaschenZwerg", „Bag Dwarf" 2006

„DornRöschen"
„Sleeping Beauty", 2003
„AnsteckBlume"
„Buttonhole Flower"
2003

KleidObjekte

Bereits in Finnland hatte ich die Idee, „bewegliche Zipfel" bei einem Kleidobjekt an den passenden Körperstellen zu platzieren, allerdings fehlte mir dazu die Schnitttechnik.
2003 erwachte „DornRöschen" aus dem Schlaf und bekam einen Preis auf der Leipziger Grassimesse. Dazu gehört auch der Zipfel im Kleinstformat, als „Ring DornRöschen" und als AnsteckBlume für den Herrn (die allerdings ausnahmslos von Damen gekauft wurde).

Articles of Clothing

In Finland I'd already had the idea of putting the "wobbly cones" onto pieces of clothing in suitable places but didn't then have the pattern-cutting skills.
In 2003 "Sleeping Beauty" woke out of her sleep and won a prize at the Leipzig "Grassimesse" (a trade fair). The 'cone' appeared in its smallest format as the "Sleeping Beauty" ring and as a buttonhole-flower for men (although, without exception, they were bought up by women).

„Kleine MeerJungFrau"
„Little Mermaid"
„Engel"
„Angel"
„Teufel"
„Devil"
2004

"push up girl", 2007

MaMa

Für die Schwangerschaft bekam mein wachsender Bauch auch ein buntes Kleid, die gleiche Form setzte ich für eine Installation im humanita art center in Cabbiolo/CH um.

During my pregnancy my swelling 'bump' also received a colourful dress, and I used that same shape for an installation an the humanita art center in Cabbiolo (CH).

„MaMa", 2005

Die „elastischen Strukturen" bieten die Möglichkeit, ein Kleidobjekt oder Modeaccessoire für verschiedene Körperformen und –größen passend zu entwerfen. Das fertige Kleidobjekt weitet sich beim Tragen durch die Körperwärme und bleibt dann in der veränderten Form, passt sich also individuell an einen Träger an. So entstanden die Cocon-Objekte IgelCape und Schafspelz, Letzterer bekam einen Preis für Technik und Experiment der niederländischen Galerie de Kroon, ebenfalls im Jahr 2003. Während der Schwangerschaft getragen, behält dieses Kleidobjekt mit der Schnittform eines ärmellosen Hemdes die maximale Ausdehnung von Brust und Bauch und bleibt als Hülle zurück, eine Art Erinnerungsobjekt. Das IgelCape hat keinen direkten Bezug zum Körper, ist frei über die Schultern zu tragen und man kann es benutzen, um sich „einzuigeln". Die Hutobjekte mit den elastischen Strukturen erinnern an Frisuren und sind wie Perücken tragbar.

The 'elastic structures' make it possible to create a garment or fashion accessory which fits different body shapes and sizes. The piece of clothing expands with body heat and then stays in that shape, and is thus individually fitted to the wearer. In this way the 'Cocoon Pieces' Hedgehog-Cape and Sheepskin came into being, the latter winning a prize for Technology and Experimentation from the Dutch gallery de Kroon, also in 2003. If it is worn during pregnancy, this piece of clothing in the shape of a sleeveless shirt takes on the maximum stretch over breast and belly and remains after like an empty shell, as a sort of memento. The 'Hedgehog Cape' is worn much more freely over the body, hanging loose from the shoulders, and you can use it to 'roll yourself up inside'. The hats with elastic structures are reminiscent of hairstyles and can be worn like wigs.

„TraubenKappe"
„Grape Cap" 2004
"Igel"
„Hedgehog", 2004

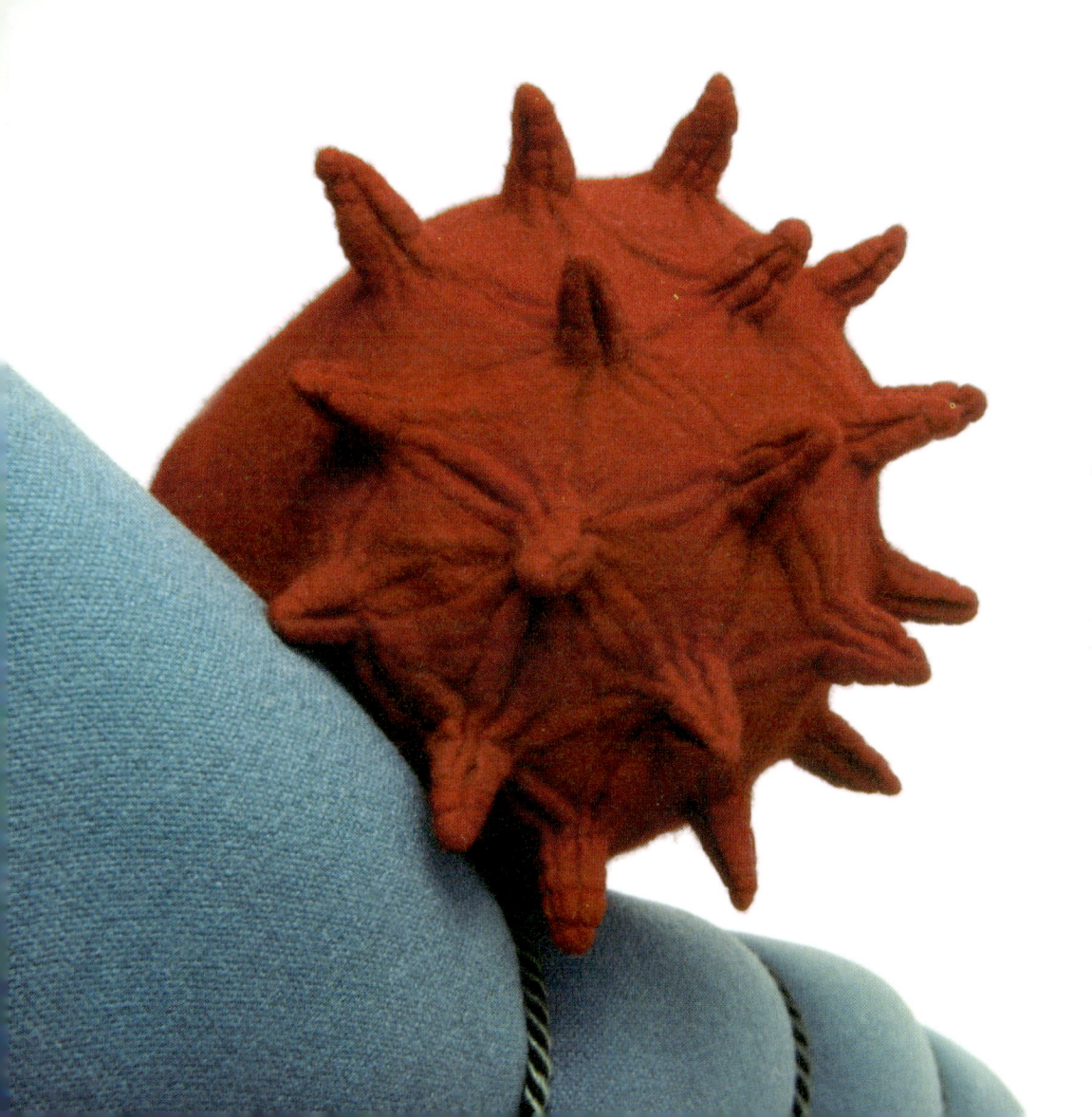

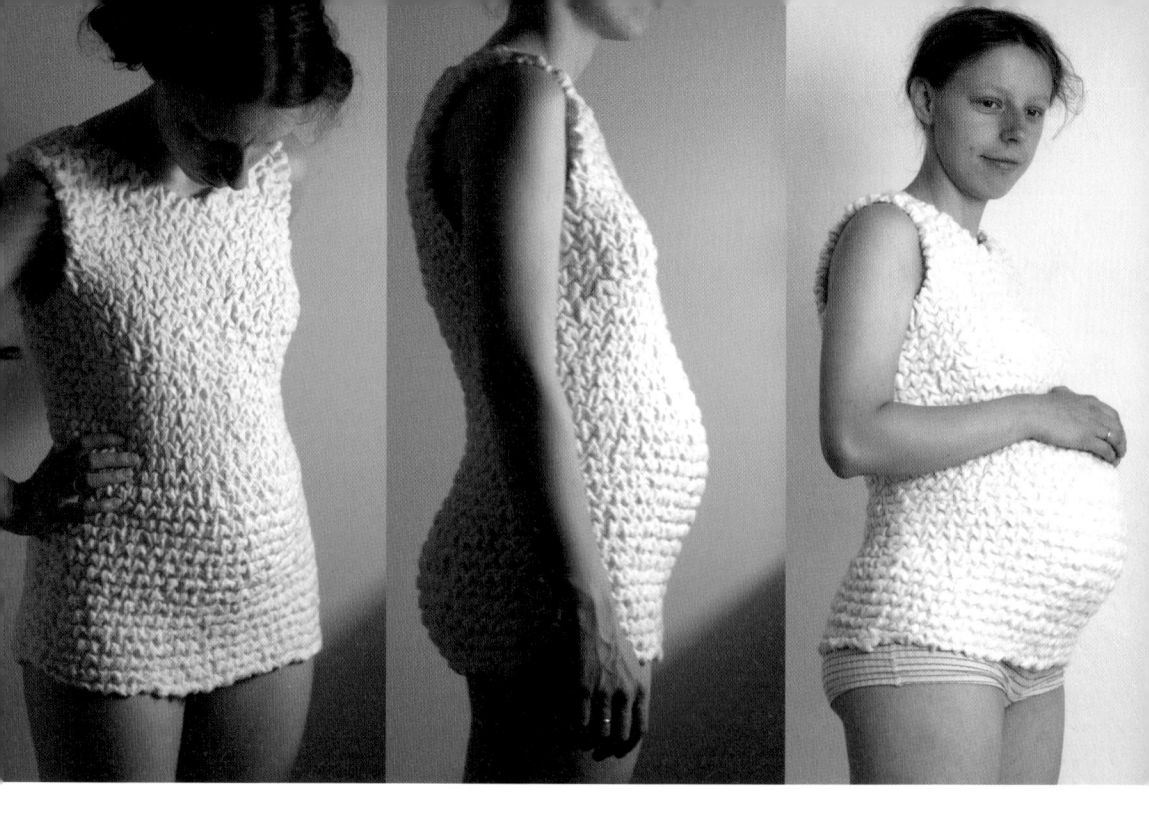

"SchafsPelz", „Sheepskin" 2002

"IgelCape"
„Hedgehog-cape"
2003

Filz und Glas

Auf der Suche nach neuen Formen, Techniken und Kombinationen stieß ich auf Glasmurmeln, die mit ihrer glatten, kühlen und glänzenden Oberfläche einen schönen Kontrast zum weichen, warmen und matten Filz bieten. Es entstanden die Teppiche „Fenster" und „Höhlen".
Der weiße Fenster-Filz ist durchscheinend und die Glasmurmeln werden durchleuchtet, wenn man ihn vor eine Lichtquelle hängt. Durch die verschiedenen Größen und Farbtöne der Murmeln und die leichte Unordnung im Raster wirkt er sehr lebendig, mit den leuchtenden Glassteinen fast ein wenig orientalisch. Schaut man ganz dicht in eines der „Murmel-Fenster", sieht man den Filz hinter der Murmel wie mit einer Lupe vergrößert oder auch die verschiedenen Farben in der Murmel. Werden die Murmeln nach dem Einfilzen entfernt,
entstehen kleine Höhlen wie beim gleichnamigen Teppich. Die Fläche wird bei beiden Wandteppichen durch die Verdickung an der Stelle der eingefilzten Murmeln zum Relief.

Felt and Glass

In the search for new shapes, techniques and combinations I came across glass marbles which, with their smooth, cool, shiny surfaces offered a lovely contrast to the softness, warmth and textured surface of felt. The 'Window' and 'Cave' rugs came into being. The white window-felt is translucent and the marbles become lit up when they are placed in front of a light source. Because of the differences in size and colours of the marbles and slight disorder of the patterning, the piece is very lively, with almost an oriental touch. If you look very closely into one of the "marble windows", you can see the felt behind the marble as if through a magnifying-glass and also the various colours in the marble itself.
If the marbles are removed after the felting process, you get little caves, as in the rug with that name. With both wall-hangings, because of the thickened area around the felted-in marbles you get a sculptured surface.

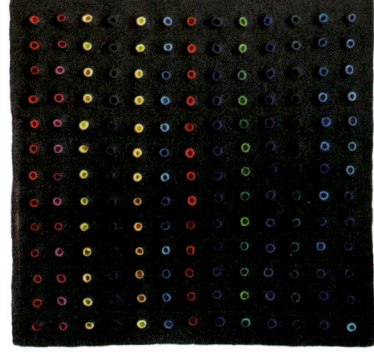

"Fenster", „Windows"
"Höhlen", „Caves", 2002

Die Glasperlen verleihen den Schmuckobjekten Gewicht, welches Schmuck, der nur aus Filz besteht, nicht besitzt. Das Glas berührt die Haut beim Tragen nicht, der Schmuck fühlt sich warm an.

The glass beads give the pieces of jewellery some weight, which they don't have if made purely out of felt. The glass doesn't touch the skin in the wearing and the jewellery feels warm.

„Ringe mit Glasmurmel", „Rings with Marbles", 2002

„Collier mit Glasmurmeln"
„Collier with Marbles"
„Armreif mit Glasmurmeln"
„Bracelet with Marbles", 2002

Einige der Taschen- und SpielObjekte bekamen Glasaugen, der FroschKönig und der kleine Teufel, auch bei den Fischen dürfen sie nicht fehlen.

Some of the bags and toys got glass eyes; the Frog King, the Little Devil, and of course the fish have to have them too.

Ring „Fisch"
„Fish-ring", 2002

Anhänger „Fisch"
„Fish-tag", 2002

Für die Ausstellung „FundStücke" im Frühjahr 2007 entstand eine Kollektion KnopfRinge aus Filz, alten Knöpfen, Glasperlen und anderen gesammelten kleinen Schätzen.

For the exhibition 'Found Objects' in Spring 2007 I created a collection of 'Button Rings' out of felt, old buttons, glass beads and other small collected treasures.

Schlüsselanhänger „Feder", Keyring „Feather", 2005
„Löwenzahn", „Dandelion", 2007

GefäßObjekte

Im Praktikumssemester 1999 experimentierte ich mit gefilzten Kugelformen, daraus entstanden die eiförmigen Gefäßobjekte aus grauer und weißer Gotlandwolle, die an Wespennester oder ähnliche Tierbauten erinnern. Zusammengefaltet bilden die Gefäßobjekte Schalen, die weichen Behältnisse können übereinander gestapelt oder zusammengedrückt werden, um in eine kleine Lücke im Regal zu passen.

Später kamen farbige Varianten hinzu und neue Formen wie Blüten, Muscheln oder auch wieder tierische Elemente. Die Objekte sind Behältnisse für Schmuck, Süßes, Nähzeug, Schreib-utensilien, Krimskrams oder auch immaterielle Dinge wie Erinnerungen. Die Boote erinnern an eine alte indianische Tradition, die Seele in einem Boot auf die letzte Reise zu schicken.

„Blüte", „Bloom", 2007
„GefäßObjekt farbig", „Vessel Object in Colour", 2001

Vessels

During my practical semester in 1999 I experimented with felted spherical shapes, and from these the egg-shaped vessels in grey and white Gotland wool emerged, which are reminiscent of wasp nests or similar animal constructions. Pleated, the vessels turn into bowls or dishes; these soft containers can be piled up together or compacted to fit into a small space in a cupboard.

They were joined later by coloured variations and new shapes like flowers, shells and, again, animal elements. These objects are containers for jewellery, sweets, sewing and writing utensils, bits and bobs or even immaterial things like memories. The boats remind us of the old Red Indian tradition of sending the soul on its last journey in a vessel.

„Geheimnis", „Secret", 2005
„GefäßObjekt, natur", „Vessel Object, natural Colours", 1999

„Narzisse", „Daffodil", 2007

„Boote", „Boats", 2007

„Auf dem Lande", „In the Countryside", 2007
„Traumprinzen unter sich", „Dream Princes alone", 2007

Gesammelte Fundstücke wie getrocknete Blüten, Schneckenhäuser und Fossilien waren Inspirationsquelle für einige der Objekte.

My collection of treasures like dried flowers, snail-shells and fossils served as inspiration for some of the pieces.

„HageButte", „Rosehip", 2006
„Blüte", „Bloom", 2007

„FaltSchale", „Pleated Bowl", 2007

SpielObjekte

Im Spiel entwickle ich neue Ideen und mein Kind hat mich wieder daran erinnert, dass jede noch so banale Tätigkeit ein Spiel sein und, so aufgefasst, auch Spaß machen kann.
Die meisten meiner Filzobjekte haben spielerische Aspekte, bei den SpielObjekten stehen diese jedoch im Vordergrund. Bei einem erneuten Aufenthalt in Finnland im März/April 2005 entstanden die „Spirals", aus denen sich später der Versteckzipfel und auch der Lichterbaum entwickelten. In Erinnerung an das Studium im Erzgebirge und angeregt durch den nicht enden wollenden finnischen Winter filzte ich im Frühlingsmonat April das Spielobjekt „Oh Tannen-Baum", das als Spielfigur oder auch als Ergänzung zur Bauklötzchenarchitektur Verwendung finden kann, zum nervösen Herumspielen in der Hand oder als Dekoration. Zusammenge-faltet erinnert das kegelförmige Objekt an eine Baumscheibe mit Jahresringen und lässt sich platzsparend aufräumen. Filzliebhaber interpretierten das Objekt mittlerweile auch als EierWärmer...

Games Objects

New ideas come from playing around and my child has reminded me too that even the most banal activity can be a game, and, with the right attitude, can be fun.
Most of my felt objects have some playful aspects but of course with the games objects this is the main aspect. During another stay in Finland from March to April 2005 I developed the 'Spi-rals', which later developed into the 'Hide and Seek Points' and the Christmas Tree. In memory of my studies in the Erzgebirge and edgy because of the seemingly never-ending Finnish winter, in the spring month of April I felted the toy "Oh Christmas Tree", which can be played with or used as an addition to some building block architecture, to occupy fidgety hands or simply as decoration. When folded together the skittle-shaped object resembles a disc of a tree-trunk with its annual rings and can be tidied away in a very space-saving way. Felt fans have in the meantime reinterpreted it as an egg-warmer.

„Oh TannenBaum"
„Oh Christmas Tree", 2005

„RennSchnecke/DoppelZipfel"
„Racing Snail/Double Cone"
„Schweinchen", "Piglet"
„Seepferdchen"
„Little Seahorse", 2007
„VersteckZipfel"
„Hide and Seek Cone", 2006

„Ammonit", „Ammonite", 2006
„StiftPilz", „Pencil Mushroom", 2006

Stift Pilz

Magnet
Gemüse

FilzProjekte

Für Ausstellungen, Wettbewerbsbeiträge, Projekte und Filzkursangebote entstanden Objekte wie die fliegenden Fische (2.Preis Internationaler Filzkunstwanderweg, Tisens/Italien, 2003), der Cocon und Teppiche. Als ich filzen lernte, experimentierte ich mit Material und Techniken ohne die wunderschönen traditionellen asiatischen Ornamente zu kennen. So entwickelten sich die verspielten und bunten Objekte, für die ich bekannt bin.

Als ich später Bilder, Dokumentationen und Originalteppiche zu Gesicht bekam, war ich fasziniert und es entstand der Wunsch, auch ornamental zu arbeiten. Für einige Projekte übernahm ich traditionelle Ornamente, außerdem entstanden eigene Entwürfe für Tierfiguren, dabei blieb ich bei der Positiv-Negativ-Technik mit kleinen Abwandlungen.

Felt Projects

Objects like the Flying Fish (2nd prize International Felt Art Walking Path, Tisens/Italy, 2003) the Cocoon and rugs were created for exhibitions, competitions, projects and felting courses. When I learnt to felt, I experimented with materials and techniques without knowing about wonderful traditional Asian ornament. Thus the playful and colourful objects emerged, for which I've become known.

When later I got to see pictures, records and original rugs, I was fascinated by them and the desire came to also work ornamentally. For some projects I took on traditional ornament, and furthermore I created my own designs for animal figures, but staying with the positive-negative technique with a few alterations.

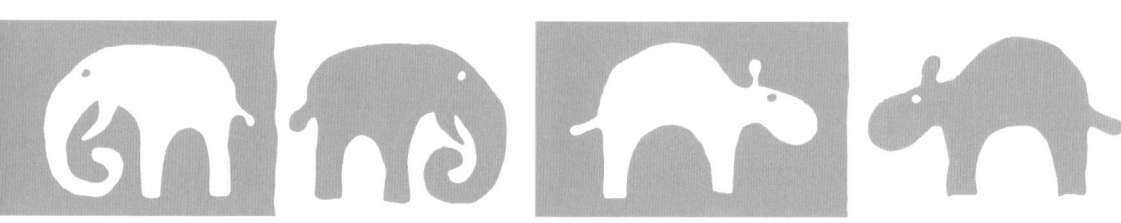

Shyrdak „Widder" in Arbeit, Shyrdak „Ram" Work in Progress, 2008

Teppich „Schneckenfamilie", Rug „Snail Family", 2002
Teppich „Schwarze Katze, Weißer Kater", Rug „Black Cat, White Tom", 2005

ala kiiz

Der Entwurf für den ala kiiz entstand ebenfalls in Finnland, trotz eisiger Kälte draußen waren die Tage und Nächte bereits gleich lang und das Sonnenlicht fiel durch die großen Fensterflächen.
Ich wählte eines der traditionellen Ornamente aus und setzte es wie beim Shirdak in Positiv-Negativ-Technik mit zwei Schichten aus dünnem Vorfilz um. Das Relief ist kaum zu sehen, hält man diesen Schal vor das Licht, erscheint das Ornament durch den doppelten Vorfilz dunkler, die Trägerfläche heller.

The design for 'ala kiiz' also came to me in Finland; despite the icy cold outside the days and nights were already of equal length and the sunlight fell through the large windows.
I chose one of the traditional ornaments and, as with 'Shirdak', translated it into the Positive-negative technique with two layers of thin pre-felt. The texture can hardly be seen, but if you hold this shawl against the light, the ornament appears darker and the surface lighter against the double pre-felt.

„Hirsch" (nach einer skythischen Goldblecharbeit)
„Deer" (taken from a skythian Work in Gold Leaf), 2004/2005
„ala kiiz", 2005

„Fliegende Fische"
Internationaler
Filzkunstwanderweg,
Tisens/Südtirol
2. Preis, 2003
„Flying Fish"
international Felt Art
Walking Path, Tisens
South Tyrol, 2003
2nd Prize

„ElbHai
im SchafsPelz"
„Elbe Shark in Sheep's
Clothing", 2007

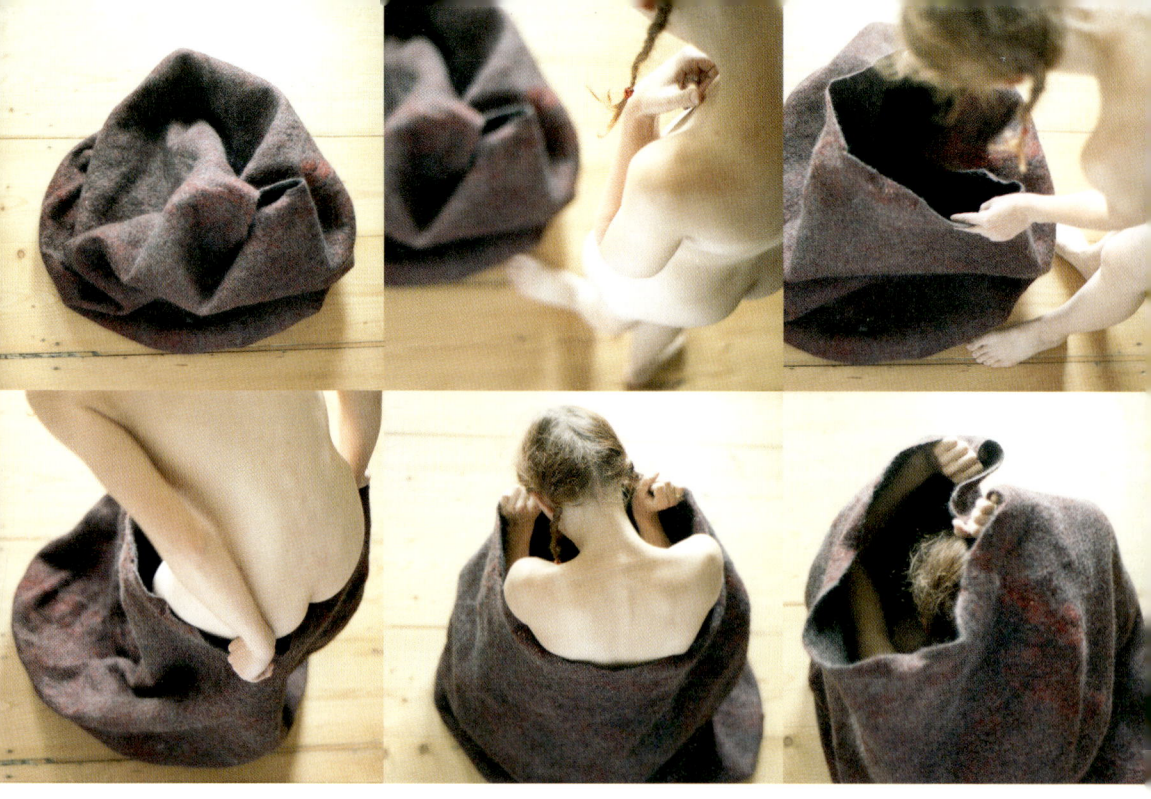

An einem Arbeitswochenende mit der Künstlergruppe Schichtwechsel 01 entstand für einen Wettbewerbsbeitrag zum Thema RotRot der „Uterus". An einigen Stellen ist der Filz so dünn, dass das Licht fleckenhaft hindurch dringt, was an alte Ultraschallbilder erinnert.

'Uterus' was conceived of during a working weekend with the 'Schichtwechsel 01' (Shift Change) artists' group as a contribution to the competition theme of RedRed. The felt is so thin in some places that patchy light shines through, reminiscent of old ultrasound pictures.

„Uterus/Cocon", „Cocoon", 2002